네가 어디 있느냐

박준희 글·그림

신아출판사

추천사

짙은 어둠을 밝히는 유일한 비결은 빛이며, 타는 목마름을 해결할 유일한 도구는 물입니다. 마찬가지로 우리 인생의 어두움과 갈증을 해소할 유일한 길은 '하나님의 말씀'입니다. 하나님의 감동으로 쓰여진 '말씀'은 우리 인생의 방향과 고통의 근원이 무엇인지를 깨우치게 하고, 이생과 내생에 진정한 행복이 무엇인지를 알려주는 '길'이자 '진리'이며 '생명'입니다.

그러나 이렇게 소중한 하나님의 말씀을 많은 현대인들이 바쁜 생활에 쫓기어 가까이 접하지 못하는 현실이 늘 안타깝습니다. 그런데 박준희 권사님이 마음으로 감동된 하나님의 말씀을 그림으로 표현하는 책을 출간하여 너무나 감사하였습니다. 옛 속담에 '백문(百聞)이 불여일견(不如一見)'이란 말이 있듯이, 한 장의 그림이 때로는 우리 마음과 생각을 크게 울리기도 합니다. 하나님께서 박준희 권사님의 마음을 감동하시어 그려지게 한 말씀들은 왠지 마음을 따뜻하게 하고 위로를 받게 합니다. 그림 안에서 살아 숨 쉬는 하나님이 계시고 역사하심이실 것입니다. 누구든지 어디서든지 편안하고 쉽게 접할 수 있는 그려진 말씀들 "네가 어디 있느냐"를 모두가 접해보시길 추천합니다.

평소에 하나님의 말씀을 사랑하시어 깊이 묵상하시는 박준희 권사님의 영적 깊이와 붓의 솜씨에 감탄하면서, 감동과 정성의 결과물로 나오게 하신 하나님께 영광을 돌리고 박준희 권사님께는 존경과 응원을 표합니다.

2023년 2월
전주서문교회 담임목사
김 석 호

추천사

　박준희 권사님의 신앙고백적인 삶이 담긴 책 "네가 어디 있느냐" 출간을 진심으로 축하드립니다.

　오직 하나, 하나님의 영광을 위하여 세상 영화 버리시고 평생토록 헌신해오신 권사님의 신앙 역정이 고스란히 담긴 책입니다. 주님의 몸된 교회를 위해 헌신적인 믿음과 충성, 봉사해오신 신앙 인격을 담고, 오직 주만 바라보고 주만 의지하고 살아오신 삶의 여정이 담겨진 책입니다.

　권사님의 굳건한 믿음, 샘솟는 사랑, 영원을 사모하는 말씀, 내세의 소망 안에서 하나님의 말씀을 알알이 영글어가는 알곡처럼 풍성을 담고 있으며 읽으면 읽을수록 은혜가 되도록 삽화(揷畵)를 통해 더욱 이해하기 쉽게 하셨습니다. 말씀을 통한 신앙의 아름다운 모습이 진리의 별이 되어 반짝이는 모습이 석류같이 박혀 있어서 다이아몬드처럼 빛나고 있습니다.

　권사님은 좌고우면하지 않고 벧세메스를 올라가는 황소처럼 오직 주님 영광만을 바라보고 살아오신 삶의 역사가 소복소복 담겨져 있음을 볼 때 요셉의 채색옷처럼 더욱 빛나는 것입니다.

　한 아이가 세상에 태어나 새 생명으로 모든 이에게 기쁨이 되듯이 평생토록 말씀을 부여잡고 말씀 안에서 분골쇄신하신 신앙의 결실이라 생각할 때 수많은 그리스도인들이 읽고 신앙 성장에 유익을 얻으며 영생의 소망을 소유하게 될 것입니다. 특히 급변하는 시대를 사는 현대인들에게 나아갈 길과 방향을 제시해 주며, 주린 영혼의 양식이 될 것이며, 절망과 좌절에 처한 자들에게 위로와 소망이 되며, 땅의 것만을 바라보고 사는 심령들에게 하늘의 소망을 바라보게 하고, 하나님의 진리의 말씀이 삶의 유일한 판단 기준이 된다는 것을 교훈하고 있는 책입니다.

간절히 소망하기는 이 책을 읽는 그리스도인들에게는 성경 애독의 신앙이 주어지고, 영혼 구원의 감격과 새 하늘과 새 땅의 창조주를 만나게 될 것입니다.

　이 책을 통해 하나님의 말씀의 소중함을 깨닫게 되며, 신·구약성경이 신앙과 행위에 대하여 정확무오한 유일의 법칙임을 깨닫게 될 것이며 하나님은 한 분이시니 오직 그 분만 경외할 것이며, 말씀이 육신이 되어 우리 가운데 거하시매 우리가 그의 영광을 보니 아버지의 독생자의 영광이오 은혜와 진리가 충만하더라는 말씀 안에서 은혜와 진리 되신 주님을 만나게 될 것입니다.

　이 책을 통해 아직도 예수님을 모르는 사람들과 말씀을 이해하지 못하신 분들에게는 구원의 복음, 기쁨의 복음, 생명의 복음, 축복의 말씀이 되었으면 합니다. 이 책을 집필하시고 그림을 그리신 박준희 권사님의 수고가 헛되지 않고, 많은 열매를 맺고 많은 사람들의 사랑을 받는 책이 되기를 소망합니다. 진심으로 축하드립니다.

2023년 2월
전주시기독교근대역사기념관
관장 **최 원 탁** 목사

머리말

"백발은 영화의 면류관이라 공의로운 길에서 얻으리라"
 어린 시절 골목길에서 뛰어놀다 종소리가 울리면 행길가 모퉁이 예배당으로 몰려가 찬송하고 예배를 드렸는데 어느 날 교회가 떠나면서 즐거웠던 추억도 잊혀져가고 흐르는 시간 속에서 어쩌다 생각이 나면 혼자 미소 짓던 그 때 붙잡힌 하나님의 손에 이끌려 지금은 반백이 되어가는 중입니다.

 처음 성경의 무게에 눌리고 읽기도 어려웠지만 창세기 말씀에서 하나님의 사랑과 사람의 가치를 알게 되었지요.
 하나님이 흙으로 지으시고 생기를 불어 넣으니 사람이 된 생령 아담에게 동산의 모든 과일은 먹되 생명나무와 선악을 알게 하는 나무 열매는 먹지 말라 금하셨습니다.
 잠든 아담의 갈빗대 하나로 만든 여자가 간교한 뱀의 꼬임에 속고 아담을 속여 열매를 먹은 후 눈이 밝아지니 자신들이 벗은 줄을 알고 두려워 동산 나무 사이에 숨어 있을 때 "네가 어디 있느냐"고 아담을 부르십니다.
 불순종에 대한 준엄한 심판과 이후 어떻게 살 것을 말씀하시니 에덴에서 쫓겨난 인류 최초의 죄인 아담과 하와입니다.

 하나님이 하늘에서 인생들을 보시고 불쌍히 여겨 구원하시려고 하나님의 아들 독생자 예수를 세상에 보내셨어요. 십자가의 보혈과 부활을 믿는 자는 자녀로 살아갈 권세를 주신 예수 그리스도, 그분을 '주님'이라고 부릅니다. 믿음으로 사는 것이 결코 쉽지 않은 선택이고 설레임과 거룩한 평안을 누리려면 연단과 인내를 거듭하는 시련과 고난을 감당할 말씀의 방패와 기도의 창이 꼭 필요합니다.

"웃을 때에도 마음에 슬픔이 있고 즐거움의 끝에도 근심이 있느니라" 인생을 위한 기도를 쉬지 않으시는 주님의 성령과 동행하면서 "네가 어디 있느냐" 물으시면 속히 자신을 돌아보아 어둠의 자리라 생각되면 빛이신 주님께로 돌이키시기 바랍니다.

성경의 구약은 오실 예수, 신약은 오신 예수를 전하는 복된 소식입니다. 이 복음을 전하고자 많이 부족한 책을 세상에 펼치오니 말씀과 그림을 보면서 하나님을 모르는 분들이 예수를 구주로 영접하고, 육신의 약함과 질병으로 고통 당할 때 위로가 되어 회복되는 은혜와 어떤 이에게는 새벽 날개를 치는 은총으로, 누군가에게는 사계절이 봄날이었으면 좋겠습니다.

책을 낼 수 있도록 추천사를 주시고 기도와 격려로 이끌어 주신 최원탁 목사님, 김석호 목사님 감사드립니다. 곁을 내어주고 지켜준 평생의 반쪽인 그이, 선물로 주신 아들, 딸, 아들, 며느리, 사위 고맙고 그림의 모델이 된 유림, 서준, 서현, 서진 많이 사랑해.

나를 아시고 내가 아는 모든 분들 그리고 특별히 신아출판사 서정환 사장님에게 감사드립니다.

주님! 홀로 영광 받으옵소서
2023. 2.
박 준 희

차례

구약성경   009

신약성경   107

심령   189

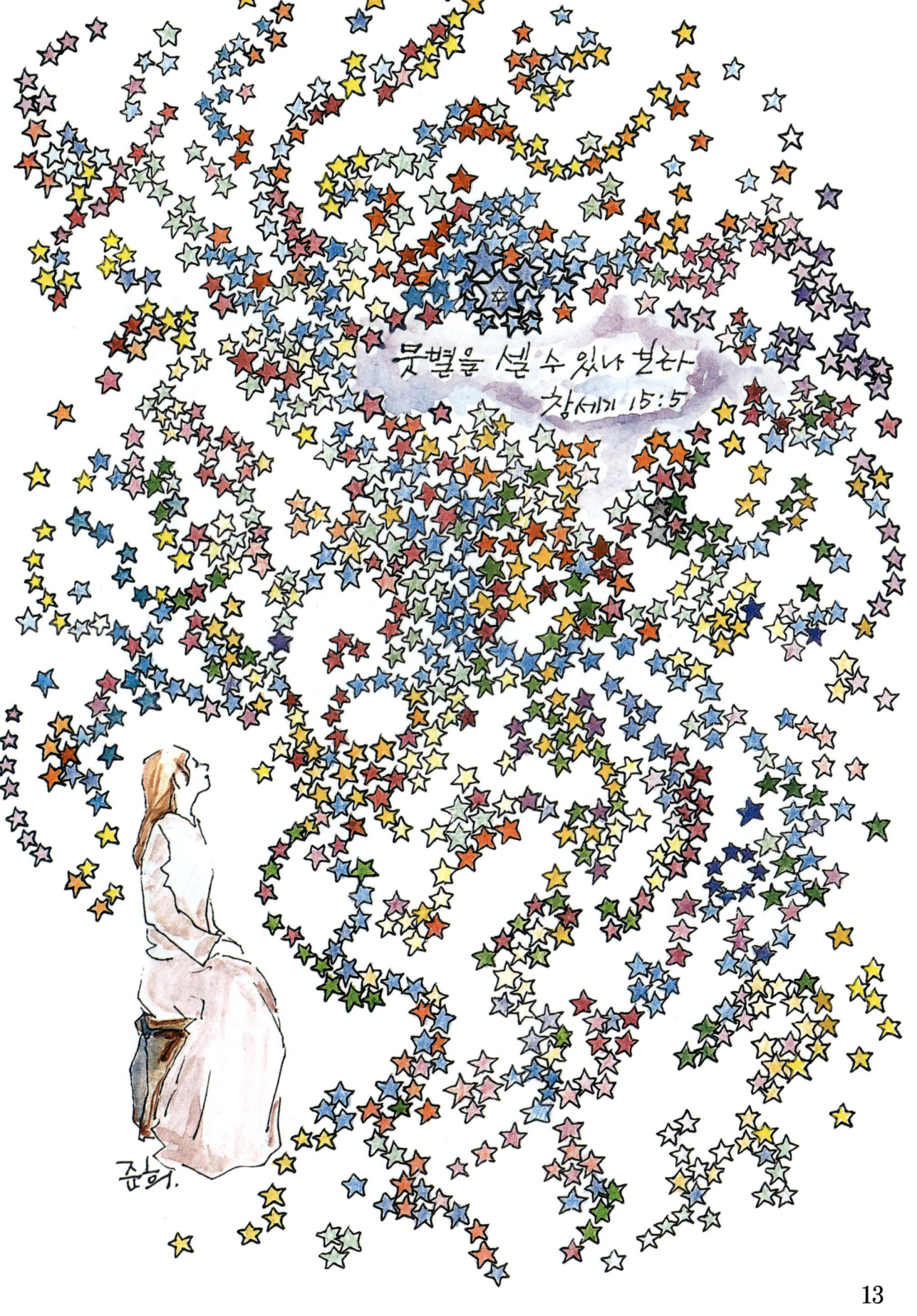

또 네 씨로 말미암아
천하 만민이 복을 받으리니
이는 네가
나의 말을 준행하였음이니라
하셨다 하니라
　　　　　창세기 22:18

하나님이 이르시되
내가 네게 무엇을 줄꼬 너는 구하라
열왕기상 3:5

듣는 마음을 종에게 주사
주의 백성을 재판하여 선악을 분별하게 하옵소서
열왕기상 3:9

다윗이 그의
조상들과 함께
누워 다윗 성에
장사되니

주는 계신 곳 하늘에서 들으시고 사하시며
각 사람의 마음을 아시오니
그들의 모든 행위대로 행하사 갚으시옵소서
주만 홀로
사람의 마음을 다 아심이니이다

     열왕기상 8:39

너희는 여호와께 감사하며
그의 이름을 불러 아뢰며
그가 행하신 일을 만민 중에 알릴지어다

그에게 노래하며 그를 찬양하고
그의 모든 기사를 전할지어다

그의 성호를 자랑하라
여호와를 구하는 자마다 마음이 즐거울지로다

여호와와 그의 능력을 구할지어다
항상 그의 얼굴을 찾을지어다

역대상 16:8-11

에스라가
여호와의 율법을 연구하여 준행하며
율례와 규례를
이스라엘에게 가르치기로
결심하였었더라

에스라 7:10

6 하루는 하나님의 아들들이 와서 여호와 앞에 섰고
   사탄도 그들 가운데에 온지라

7 여호와께서 사탄에게 이르시되
   네가 어디서 왔느냐
   사탄이 여호와께 대답하여 이르되
   땅을 두루 돌아 여기저기 다녀왔나이다

8 여호와께서 사탄에게 이르시되
   네가 내 종 욥을 주의하여 보았느냐
   그와 같이 온전하고 정직하여 하나님을 경외하며
   악에서 떠난 자는 세상에 없느니라

9 사탄이 여호와께 대답하여 이르되
   욥이 어찌 까닭 없이 하나님을 경외하리이까

10 주께서 그와 그의 집과 그의 모든 소유물을
   울타리로 두르심 때문이 아니니이까
   주께서 그의 손으로 하는 바를 복되게 하사
   그의 소유물이 땅에 넘치게 하셨음이니이다

11 이제 주의 손을 펴서 그의 모든 소유물을 치소서
   그리하시면 틀림없이 주를 향하여 욕하지 않겠나이까

12 여호와께서 사탄에게 이르시되
   내가 그의 소유물을 다 네 손에 맡기노라
   다만 그의 몸에는 네 손을 대지 말지니라
   사탄이 곧 여호와 앞에서 물러가니라

                                욥기 1:6~12

만일 네가 마음을 바로 정하고
주를 향하여 손을 들 때에

네 손에 죄악이 있거든 멀리 버리라
불의가 네 장막에 있지 못하게 하라

그리하면
네가 반드시 흠 없는 얼굴을 들게 되고
굳게 서서 두려움이 없으리니

욥기 11:13~15

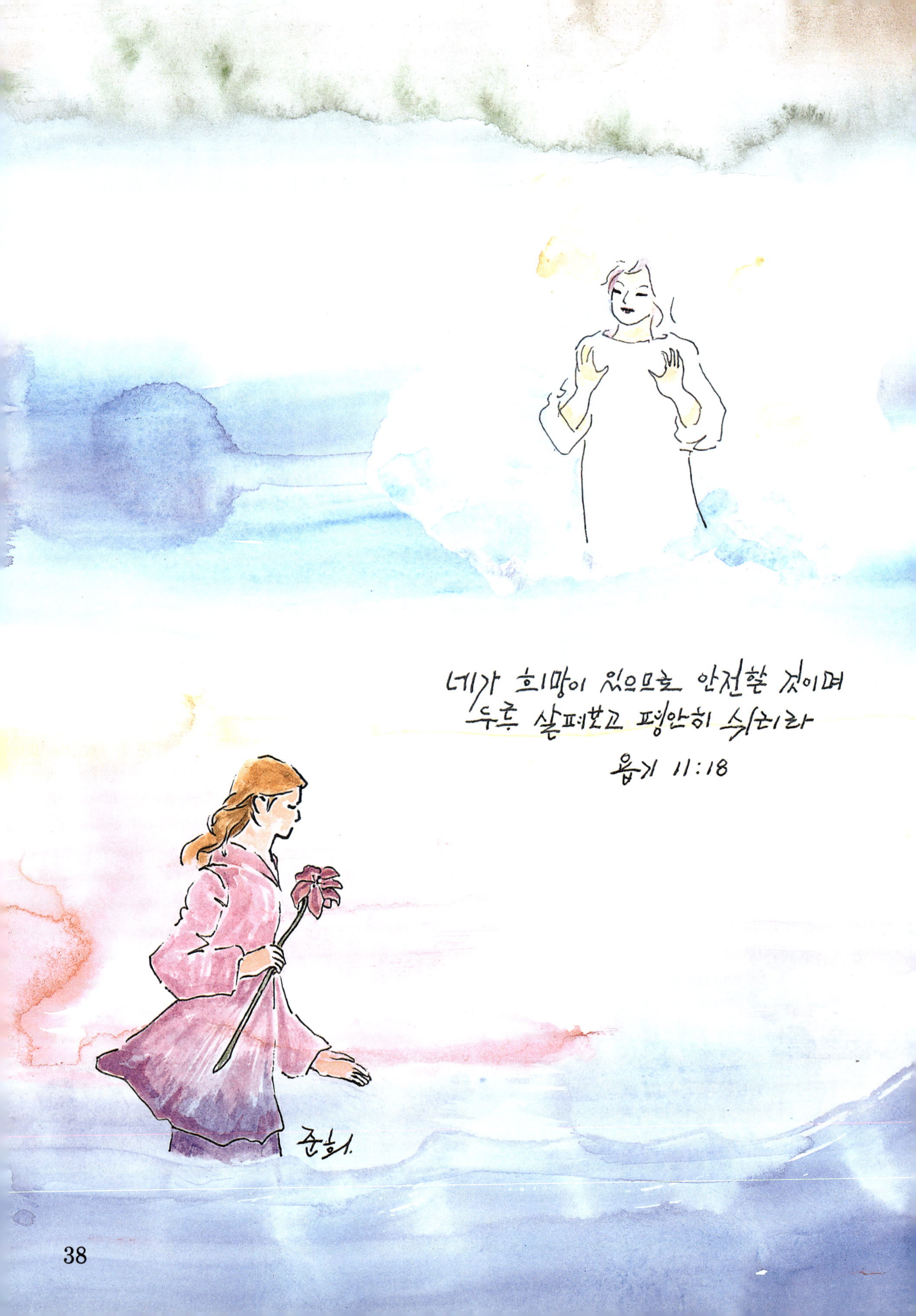

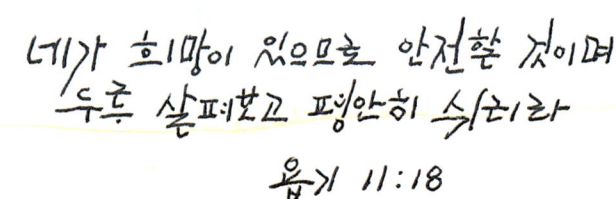

네가 희망이 있으므로 안전할 것이며
두루 살펴보고 평안히 쉬리라

욥기 11:18

네가 누워도 두렵게 할 자가 없겠고
많은 사람이 네게 은혜를 구하리라

욥기 11:19

네가 무엇을 결정하면 이루어질 것이요
네 길에 빛이 비치리라
　　　　　　욥기 22:28

그러나
내가 가는 길을 그가 아시나니
그가 나를 단련하신 후에는
내가 순금 같이 되어 나오리라
　　　　　욥기 23:10

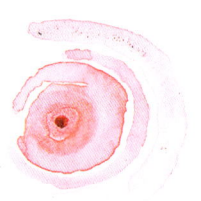

내가
　내 공의를 굳게 잡고 놓지 아니하리니
내 마음이
　나의 생애를 비웃지 아니하리라
　　　　　　욥기 27:6

내 뿌리는 물로 뻗어나가고
이슬이 내 가지에서
밤을 지내고 갈 것이며

욥기 29:19

하나님의 영이 나를 지으셨고
전능자의 기운이
나를 살리시느니라
                    욥기 33:4

모든 땅에서
욥의 딸들처럼 아리따운 여자가 없었더라
그들의 아버지가 그들에게
그들의 오라비들처럼 기업을 주었더라
　　　　　　　욥기 42:15

나를 안전히 살게 하시는 이는
오직 여호와이시니이다
시편 4:8

주의 손가락으로 만드신 주의 하늘과
주께서 베풀어 두신 달과 별들을 내가 보오니
사람이 무엇이기에 주께서 그를 생각하시며
인자가 무엇이기에 주께서 그를 돌보시나이까
그를 하나님보다 조금 못하게 하시고
영화와 존귀로 관을 씌우셨나이다

     시편 8 : 3~5

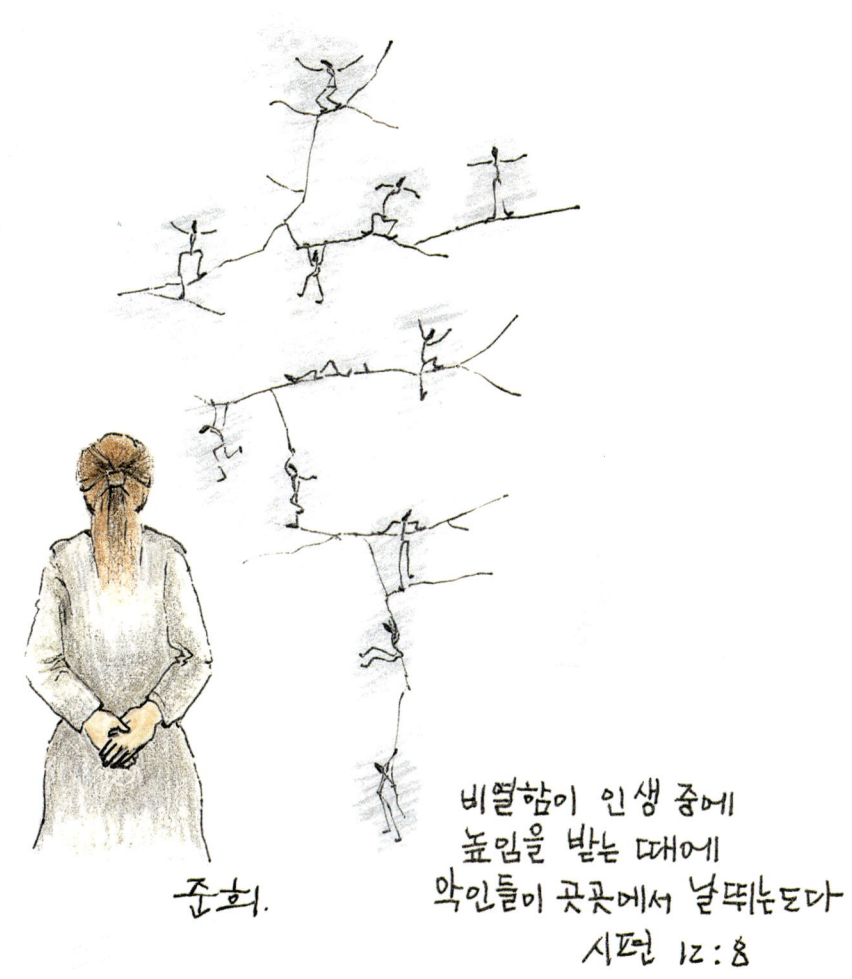

준희.

비열함이 인생 중에
높임을 받는 때에
악인들이 곳곳에서 날뛰는도다
시편 12:8

여호와여 이 세상에 살아 있는 동안
그들의 분깃을 받은 사람들에게서
주의 손으로 나를 구하소서
그들은 주의 재물로 배를 채우고
자녀로 만족하고 그들의 남은 산업을
그들의 어린아이들에게 물려 주는 자니이다
　　　　　　　　시편 17:14

준희.

나를 넓은 곳으로 인도하시고
나를 기뻐하시므로
나를 구원하셨도다
　　　　　시편 18:19

여호와는 나의 목자시니
내게 부족함이 없으리로다
그가 나를 푸른 풀밭에 누이시며
쉴 만한 물가로 인도하시는도다
내 영혼을 소생시키시고
자기 이름을 위하여 의의 길로 인도하시는도다
내가 사망의 음침한 골짜기로 다닐지라도
해를 두려워하지 않을 것은
주께서 나와 함께 하심이라
주의 지팡이와 막대기가 나를 안위하시나이다
주께서 내 원수의 목전에서
내게 상을 차려 주시고 기름을 내 머리에 부으셨으니
내 잔이 넘치나이다
내 평생에 선하심과 인자하심이
반드시 나를 따르리니
내가 여호와의 집에 영원히 살리로다

시편 23 : 1~6

내 영혼아 네가 어찌하여 낙심하며
어찌하여 내 속에서 불안해 하는가
너는 하나님께 소망을 두라
그가 나타나 도우심으로 말미암아
내가 여전히 찬송하리로다

        시편 42:5

너희 만민들아
손바닥을 치고 즐거운 소리로
하나님께 외칠지어다
시편 47:1

군희.

하나님께서 구하시는 제사는 상한 심령이라
하나님이여 상하고 통회하는 마음을
주께서 멸시하지 아니하시리이다
시편 51:17

하나님을 찬송하리로다
그가 내 기도를 물리치지 아니하시고
그의 인자하심을
내게서 거두지도 아니하셨도다

시편 66 : 20

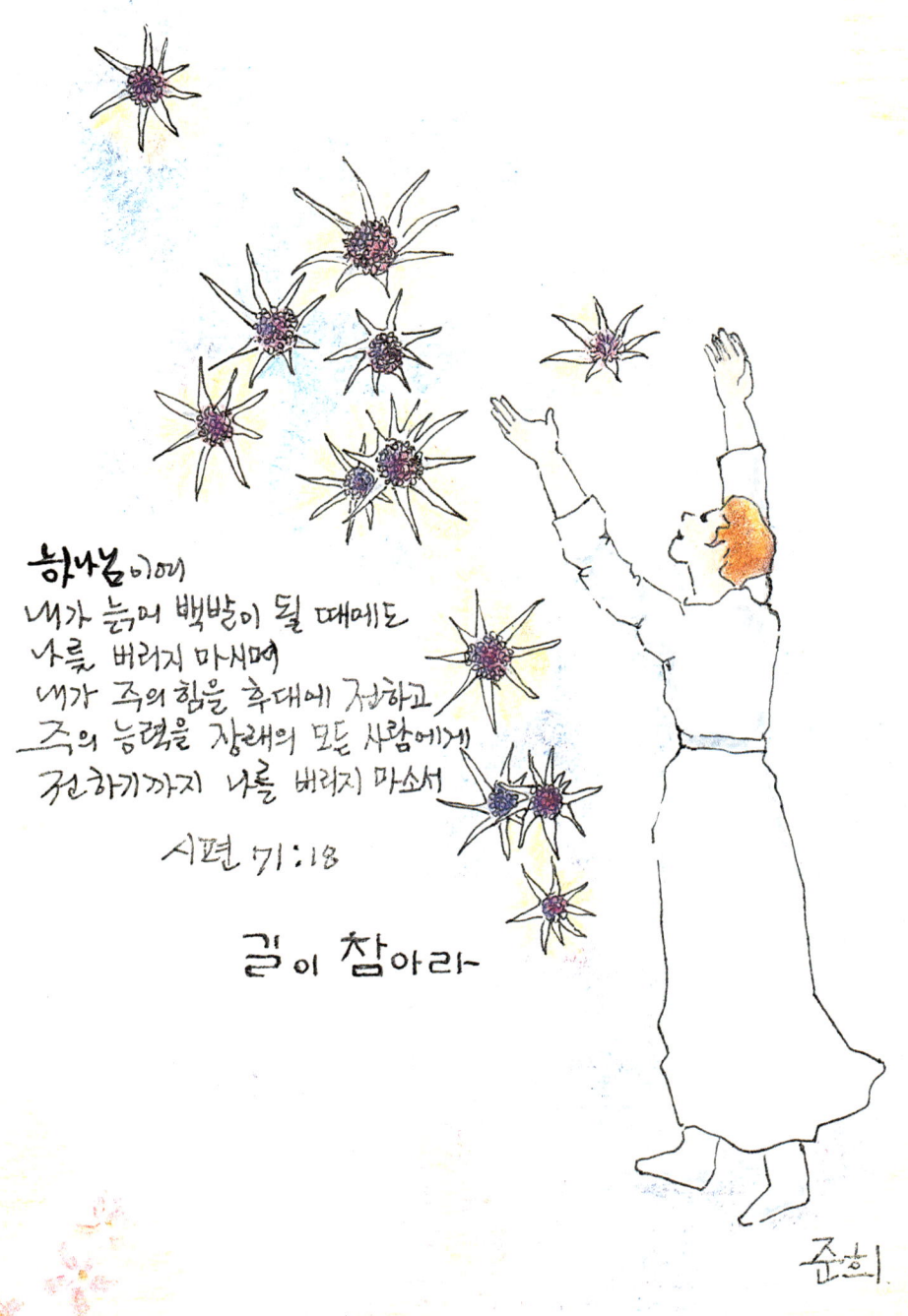

그들은 육체이며
가고 다시 돌아오지 못하는
바람임을
기억하셨음이라

　　　　　시편 78:39

우리의 연수가 칠십이요 강건하면 팔십이라도
그 연수의 자랑은 수고와 슬픔뿐이요
신속히 가니 우리가 날아가나이다
　누가 주의 노여움의 능력을 알며
　누가 주의 진노의 두려움을 알리이까
　우리에게 우리 날 계수함을 가르치사
　지혜로운 마음을 얻게 하소서
　　　시편 90:10~12

준희.

주께서 사람을 티끌로 돌아가게 하시고
말씀하시기를
너희 인생들은 돌아가라 하셨사오니
주의 목전에는
천 년이 지나간 어제 같으며
밤의 한 순간 같을 뿐임이니이다
주께서
그들을 홍수처럼 쓸어가시나이다
그들은
잠깐 자는 것 같으며
아침에 돋는 풀 같으니이다
풀은
아침에 꽃이 피어 자라다가
저녁에는 시들어 마르나이다

시편 90:3~6

준희.

이는 그가 우리의 체질을 아시며
우리가 단지 먼지뿐임을 기억하심이로다
인생은 그 날이 풀과 같으며
그 영화가 들의 꽃과 같도다
그것은 바람이 지나가면 없어지나니
그 있던 자리도 다시 알지 못하거니와

시편 103 : 14 ~ 16

여호와의 인자하심은
자기를 경외하는 자에게
영원부터 영원까지 이르며
그의 의는 자손의 자손에게 이르리니
곧 그의 언약을 지키고
그의 법도를 기억하여 행하는 자에게로다

시편 103:17~18

내게 주신 모든 은혜를
내가 여호와께 무엇으로 보답할까
내가 구원의 잔을 들고
여호와의 이름을 부르며
여호와의 모든 백성 앞에서
나는 나의 서원을 여호와께 갚으리로다
시편 116:12~14

주는 나의 **하나님**이시라
 내가 주께 감사하리이다
주는 나의 **하나님**이시라
 내가 주를 높이리이다
여호와께 감사하라
 그는 선하시며
 그의 인자하심이 영원함이로다
  시편 118:28~29

주님을 감사
 주님께 감사

준희.

내가 주의 법도들을 작은 소리로 읊조리며
주의 길들에 주의하며
주의 율례들을 즐거워하며
주의 말씀을 잊지 아니하리이다

시편 119:15~16

주께서 내 마음을 넓히시면
내가 주의 계명들의 길로 달려가리이다
시편 119 : 32

눈물을 흘리며 씨를 뿌리는 자는
  기쁨으로 거두리로다

울며 씨를 뿌리러 나가는 자는
반드시 기쁨으로 그 곡식 단을 가지고 돌아오리로다.
        시편 126 : 5~6

준희.

보라 자식들은 여호와의 기업이요
태의 열매는 그의 상급이로다
젊은 자의 자식은 장사의 수중의 화살 같으니
이것이 그의 화살통에 가득한 자는 복되도다

시편 127 : 3~5

여호와여 사람이 무엇이기에 주께서 그를 알아 주시며
인생이 무엇이기에 그를 생각하시나이까
사람은 헛것 같고
그의 날은 지나가는 그림자 같으니이다

       시편 144 : 3~4

우리 아들들은 어리다가
　장성한 나무들과 같으며

우리 딸들은 궁전의 양식대로
　아름답게 다듬은
　　모퉁잇돌들과 같으며
우리 곳간에는 백곡이 가득하며
우리의 양은 들에서
천천과 만만으로 번성하며
우리 수소는 무겁게 실었으며
또 우리를 침노하는 일이나
우리가 나아가 막는 일이 없으며
우리 거리에는
슬피 부르짖음이 없을진대
이러한 백성은 복이 있나니
여호와를
자기 하나님으로 삼는 백성은
복이 있도다
　　　시편 144 : 12-15

준희.

너는 마음을 다하여 여호와를 신뢰하고
네 명철을 의지하지 말라
너는 범사에 그를 인정하라
그리하면 네 길을 지도하시리라

잠언 3:5~6

어찌해야 할지 모르겠어요   준희.

고운 것도 거짓되고
아름다운 것도 헛되나
오직
여호와를 경외하는 여자는
칭찬을 받을 것이라
그 손의 열매가
그에게로 돌아갈 것이요
그 행한 일로 말미암아
성문에서
칭찬을 받으리라

잠언 31 : 30 ~ 31

너는 하나님 앞에서
함부로 입을 열지 말며
급한 마음으로 말을 내지 말라
하나님은 하늘에 계시고
너는 땅에 있음이니라
그런즉 마땅히 말을 적게 할 것이라
걱정이 많으면 꿈이 생기고
말이 많으면
우매한 자의 소리가
나타나느니라

        전도서 5:2~3

너는 아침에
씨를 뿌리고
저녁에도
손을 놓지 말라
이것이 잘 될는지.
저것이 잘 될는지.
혹
둘이 다 잘 될는지
알지 못함이니라
빛은
실로 아름다운 것이라
눈으로
해를 보는 것이
즐거운 일이로다

     전도서 11:6~7

오라 우리가
여호와의 산에 오르며
야곱의 하나님의 전에
이르자
이사야 2:3

준희.

이 성전의 나중 영광이 이전 영광보다 크리라
만군의 여호와의 말이니라
내가 이곳에 평강을 주리라
만군의 여호와의 말이니라
　　　　　학개 2:9

만군의 여호와의 말씀에
네가 만일 내 도를 행하며 내 율례를 지키면
네가 내 집을 다스릴 것이요
내 뜰을 지킬 것이며
내가 또 너로
여기 섰는 자들 가운데에
왕래하게 하리라
스가랴 3:7

내 이름을 경외하는 너희에게는
공의로운 해가 떠올라서
치료하는 광선을 비추리니
너희가 나가서
외양간에서 나온 송아지같이 뛰리라

말라기 4:2

살몬은 라합에게서 보아스를 낳고
보아스는 룻에게서 오벳을 낳고
오벳은 이새를 낳고
　　　　　　마태 1:5

준희.

마리아에게서
그리스도라 칭하는 예수가 나시니라
마태 1:16

가르치시며 천국 복음을 전파하시며 고치시더라
마태 4 : 23 ~ 24

공중의 새를 보라
심지도 않고 거두지도 않고 창고에 모아들이지도 아니하되
너희 하늘 아버지께서 기르시나니
너희는 이것들보다 귀하지 아니하냐

마태 6:26

그 때에 세례 요한이 이르러
유대 광야에서 전파하여 말하되
회개하라
천국이 가까이 왔느니라
하였으니
　　　　마태 3:1~2

왕이 근심하나
자기가 맹세한 것과
그 함께 앉은 사람들 때문에 주라 명하고
사람을 보내어 옥에서 요한의 목을 베어
그 머리를 소반에 얹어서
그 소녀에게 주니
그가 자기 어머니에게로 가져가니라
　　　　마태 14: 9~11

그런즉 깨어 있으라
너희는 그 날과 그 때를
알지 못하느니라
마태 25:13
준희.

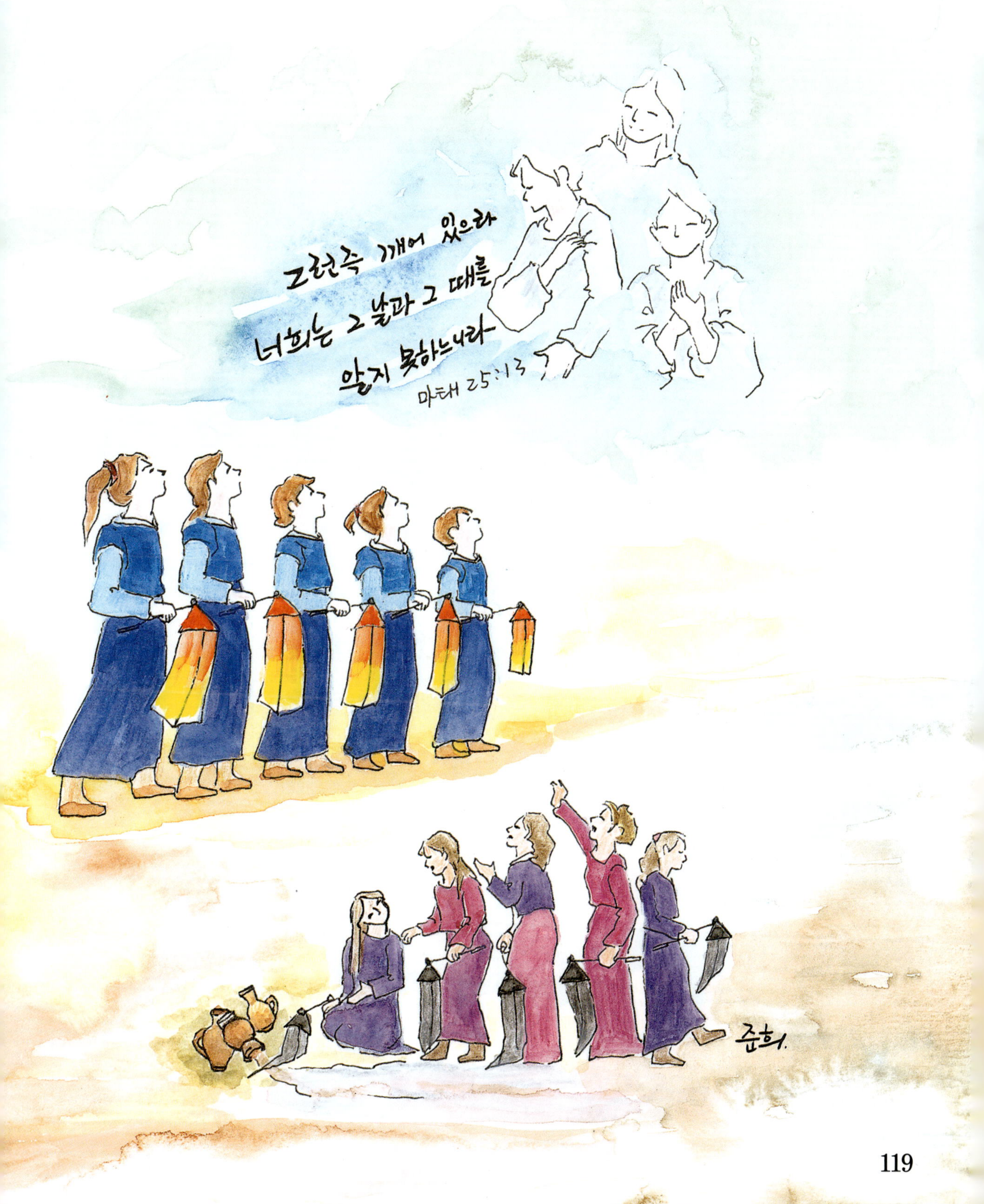

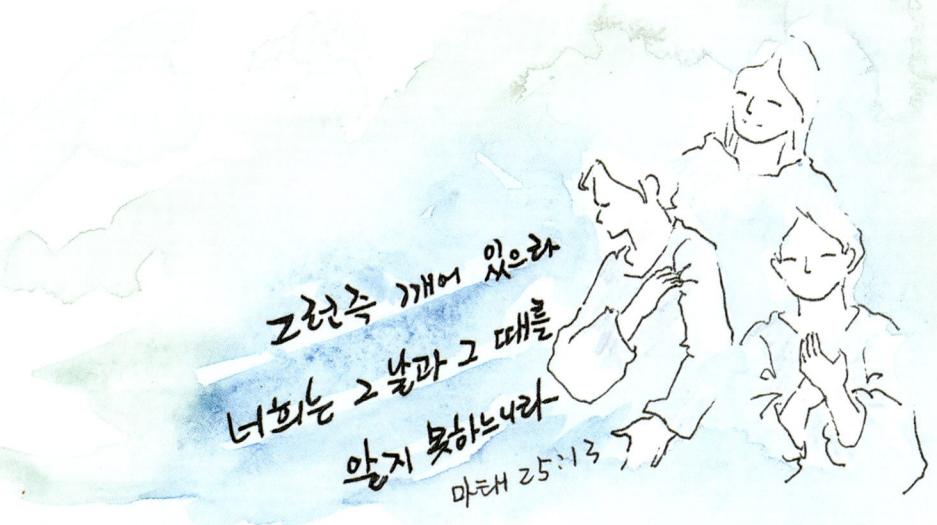

이 여자가 내 몸에
이 향유를 부은 것은
내 장례를 위하여 함이니라
내가 진실로
너희에게 이르노니
온 천하에 어디서든지
이 복음이 전파되는 곳에서는
이 여자가
행한 일도 말하여
그를 기억하리라 하시니라
　　　　마태 26 : 12 ~ 13

준희.

다시 두 번째 나아가 기도하여 이르시되

내 아버지여
만일 내가 마시지 않고는
이 잔이 내게서
지나갈 수 없거든
아버지의 원대로 되기를
원하나이다
마태 26:42

죽은 자 가운데서 살아나셨고
마태 28 : 7

예수께서 부활 하셨어

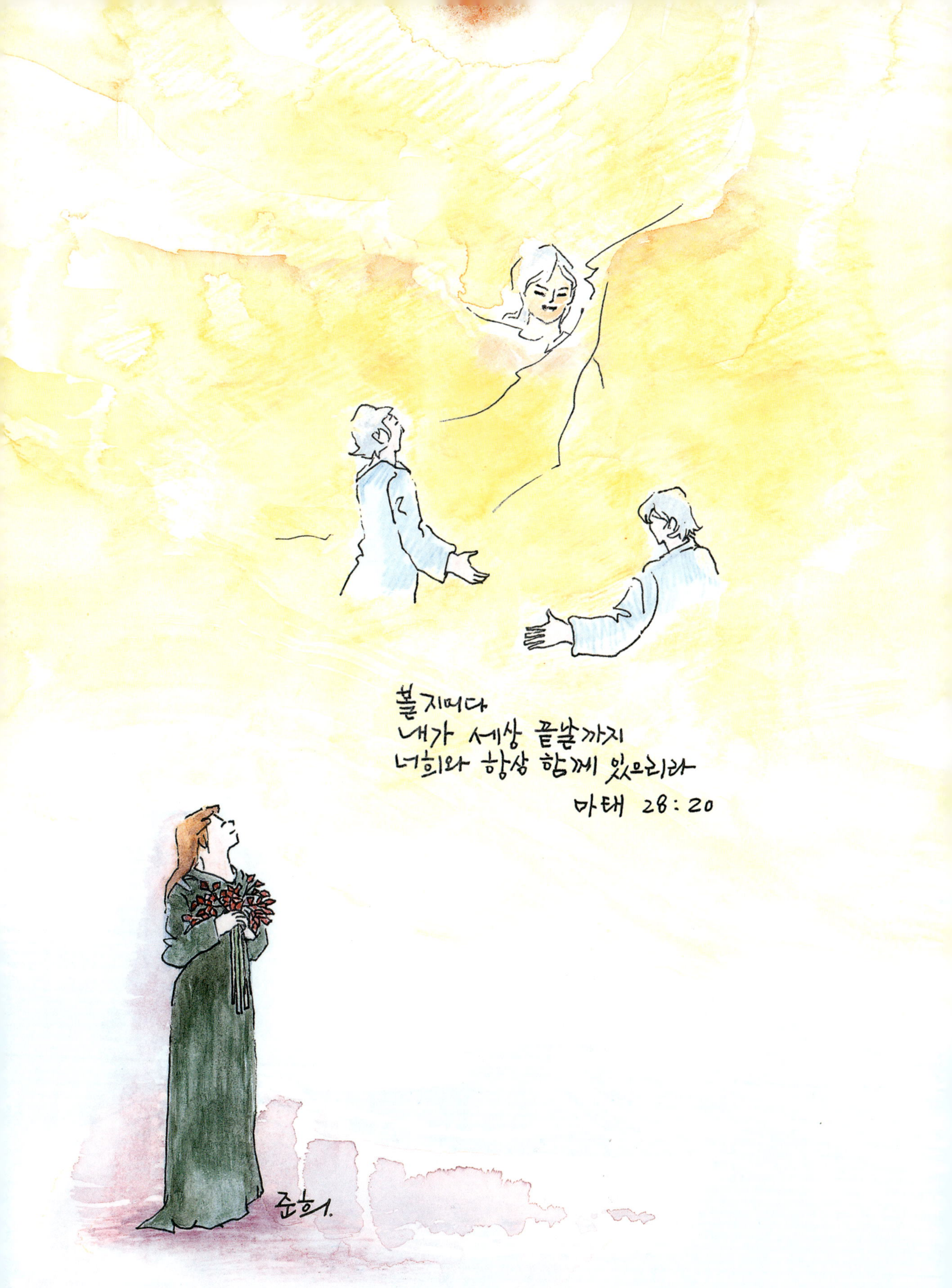
볼지어다
내가 세상 끝날까지
너희와 항상 함께 있으리라
마태 28:20
준희.

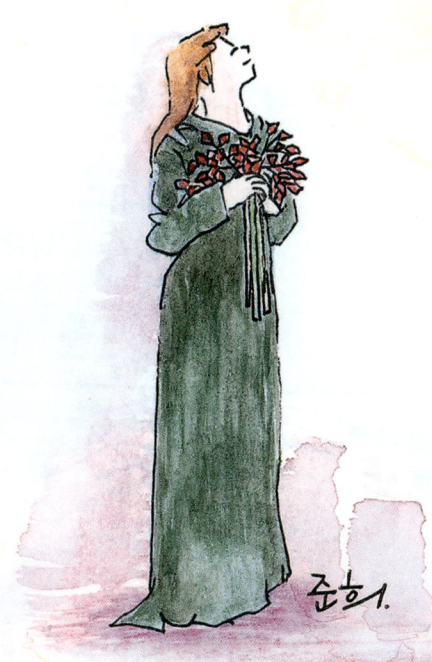

또 누구든지 나를 믿는 이 소자 중 하나를 실족케 하면
차라리 연자 맷돌을 그 목에 달리우고
바다에 던지움이 나으리라

마가복음 9장 42절

천사가 이르되 마리아여 무서워하지 말라
네가 하나님께 은혜를 입었느니라

보라 네가 잉태하여 아들을 낳으리니
그 이름을 예수라 하라

누가복음 1 : 30~31

내 눈이 주의 구원을 보았사오니
이는 만민 앞에 예비하신 것이요
이방을 비추는 빛이요
주의 백성 이스라엘의 영광이니이다 하니

　　　　　누가복음 2:30~32

아기가 자라며 강하여지고
지혜가 충만하며
하나님의 은혜가
그의 위에 있더라

누가복음 2:40

예루살렘

가서 너도 이와 같이 하라
누가 10 : 37.

여리고

예수께서 그들을 데리고 베다니 앞까지 나가사
손을 들어 그들에게 축복하시더니
축복하실 때에 그들을 떠나 〈하늘로 올려지시니〉

누가 24 : 50~51

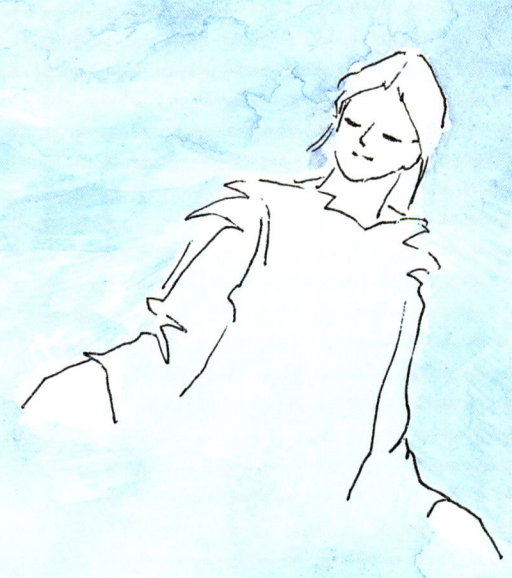

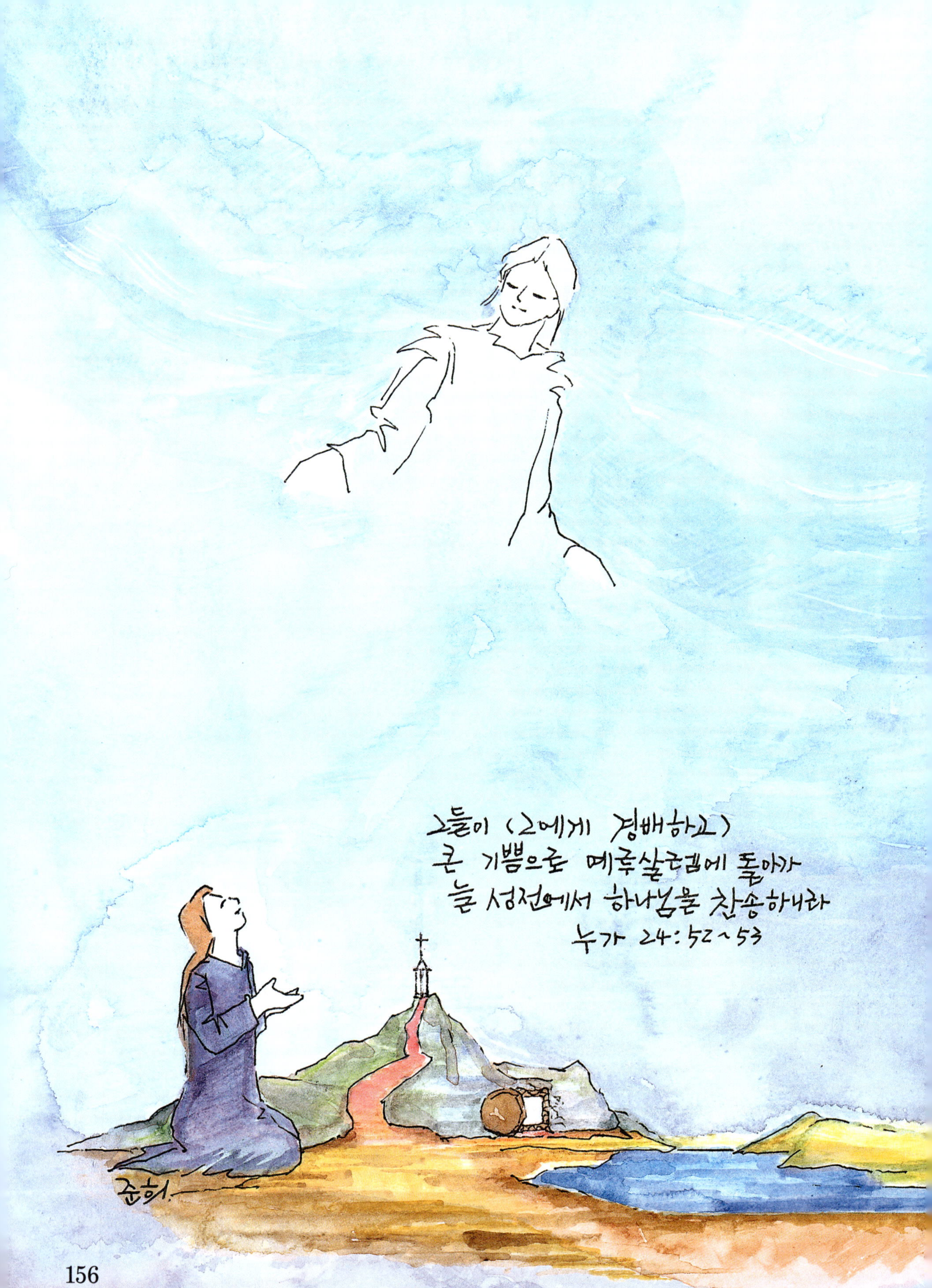
그들이 (그에게 경배하고)
큰 기쁨으로 예루살렘에 돌아가
늘 성전에서 하나님을 찬송하니라
누가 24:52~53
순희.

유월절 전에 예수께서
자기가 세상을 떠나
아버지께로 돌아가실 때가 이른 줄 아시고
세상에 있는 자기 사람들을 사랑하시되
끝까지 사랑하시니라
　　　　　　　요한 13:1

아무도 나를 사랑하지 않아요. 준희.

보혜사 곧 아버지께서 내 이름으로 보내실 성령
그가 너희에게 모든 것을 가르치고
내가 너희에게 말한 모든 것을 생각나게 하리라
요한 14:26

평안을 너희에게 끼치노니
곧 나의 평안을 너희에게 주노라
내가 너희에게 주는 것은
세상이 주는 것과 같지 아니하니라
너희는 마음에 근심하지도 말고 두려워하지도 말라
요한복음 14장 27절 말씀

순희.

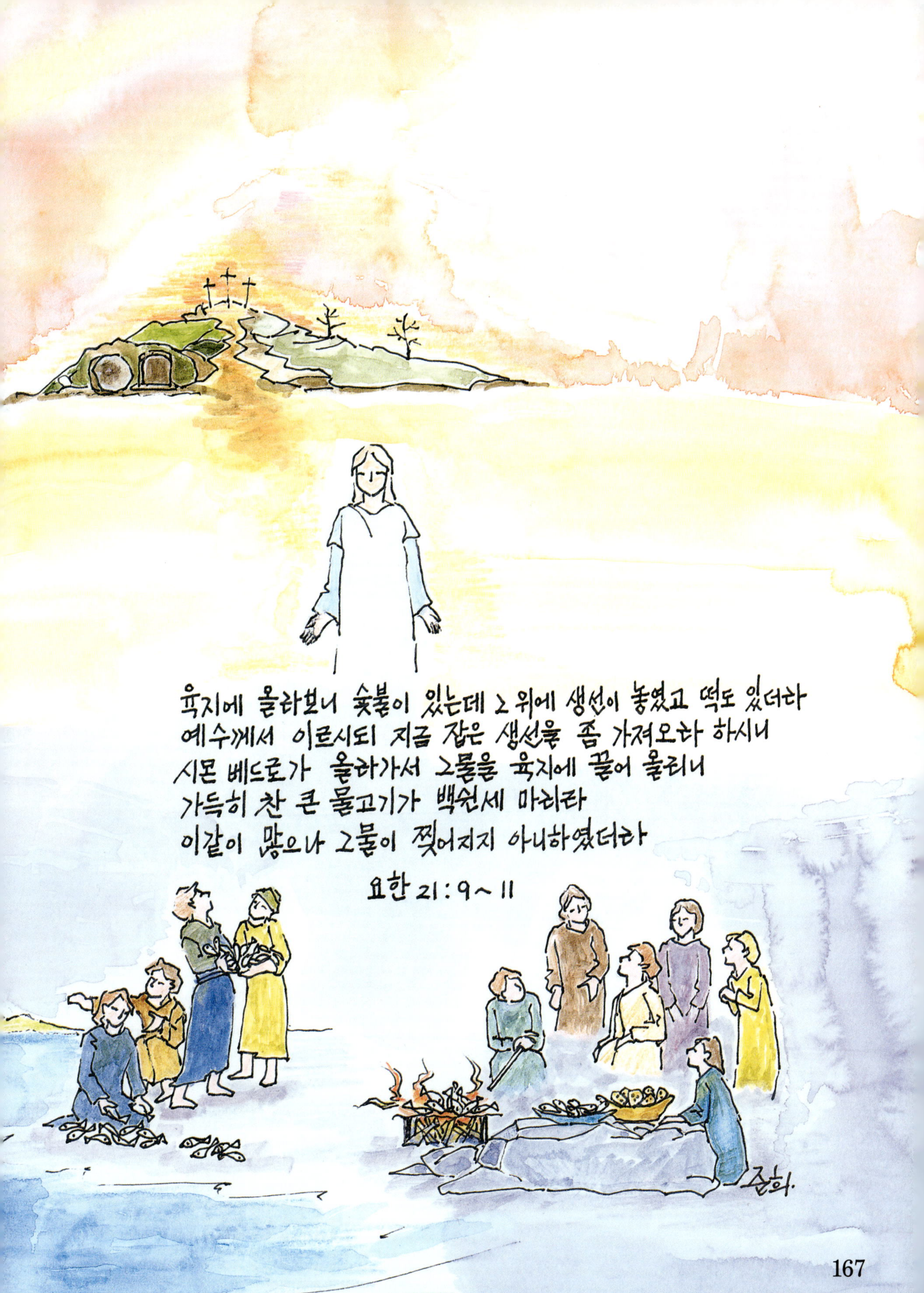
육지에 올라보니 숯불이 있는데 그 위에 생선이 놓였고 떡도 있더라
예수께서 이르시되 지금 잡은 생선을 좀 가져오라 하시니
시몬 베드로가 올라가서 그물을 육지에 끌어 올리니
가득히 찬 큰 물고기가 백쉰세 마리라
이같이 많으나 그물이 찢어지지 아니하였더라
요한 21:9~11
준희.

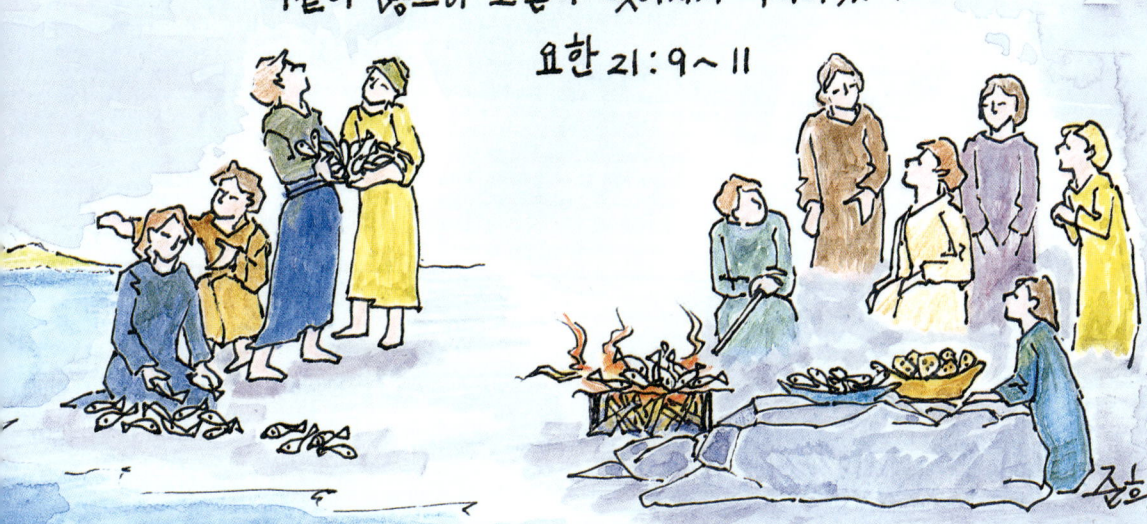

세 번째 이르시되
요한의 아들 시몬아 네가 나를 사랑하느냐 하시니
주께서 세 번째 네가 나를 사랑하느냐 하시므로
베드로가 근심하여 이르되
주님 모든 것을 아시오매
내가 주님을 사랑하는 줄을
주님께서 아시나이다
예수께서 이르시되 내 양을 먹이라

요한 21 : 17

베드로가 돌이켜
예수께서 사랑하시는 그 제자가 따르는 것을 보니
그는 만찬석에서 예수의 품에 의지하여
주님 주님을 파는 자가 누구오니이까 묻던 자더라
이에 베드로가 그를 보고 예수께 여쭈오되
주님 이 사람은 어떻게 되겠사옵나이까
예수께서 이르시되 내가 올 때까지
그를 머물게 하고자 할지라도 네게 무슨 상관이냐
너는 나를 따르라 하시더라

요한 21 : 20~22

또한 그들이 마음에 하나님 두기를 싫어하매
하나님께서 그들을 그 상실한 마음대로 내버려 두사
합당하지 못한 일을 하게 하셨으니

곧 모든 불의, 추악, 탐욕, 악의가 가득한 자요
시기, 살인, 분쟁, 사기, 악독이 가득한 자요
수군수군하는 자요

비방하는 자요
하나님께서 미워하시는 자요 능욕하는 자요
교만한 자요 자랑하는 자요
악을 도모하는 자요 부모를 거역하는 자요

우매한 자요 배약하는 자요
무정한 자요 무자비한 자라

로마서 1: 28~31

모든 사람이 죄를 범하였으매
하나님의 영광에 이르지 못하더니
그리스도 예수 안에 있는 속량으로 말미암아
하나님의 은혜로 값 없이 의롭다 하심을 얻은 자 되었느니라

로마서 3:23~24

다만
이뿐 아니라
우리가 환난 중에도
즐거워하나니
이는
환난은 인내를,
인내는 연단을,
연단은
소망을 이루는 줄
앎이로다

로마서 5:3~4

무릇
하나님의 영으로
인도함을 받는 사람은
곧 하나님의 아들이라
너희는 다시
무서워하는 종의 영을
받지 아니하고
양자의 영을 받았으므로
우리가
아빠 아버지라고 부르짖느니라
성령이 친히
우리의 영과 더불어
우리가 하나님의
자녀인 것을 증언하시나니

로마서 8 : 14 ~ 16

준희.

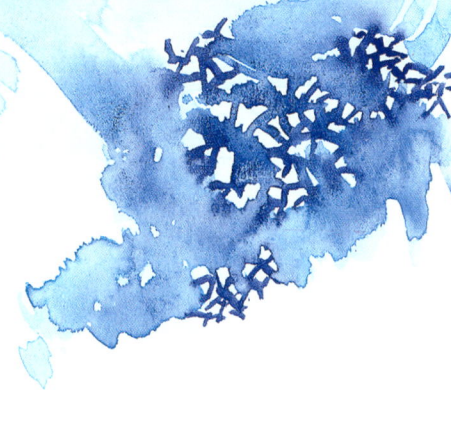

각 사람에게
성령을 나타내심은
유익하게 하려 하심이라

어떤 사람에게는 성령으로 말미암아 지혜의 말씀을,
어떤 사람에게는 같은 성령을 따라 지식의 말씀을,
다른 사람에게는 같은 성령으로 믿음을,
어떤 사람에게는 한 성령으로 병 고치는 은사를,
어떤 사람에게는 능력 행함을,
어떤 사람에게는 예언함을,
어떤 사람에게는 영들 분별함을,
다른 사람에게는 각종 방언 말함을,
어떤 사람에게는 방언들 통역함을 주시나니

이 모든 일은 같은 한 성령이 행하사
그의 뜻대로 각 사람에게 나누어 주시는 것이니라

고린도전서 12:7~11

나에게 이르시기를
내 은혜가 네게 족하도다
이는 내 능력이 약한 데서
온전하여짐이라 하신지라
그러므로 도리어 크게 기뻐함으로
나의 여러 약한 것들에 대하여 자랑하리니
이는 그리스도의 능력이
내게 머물게 하려 함이라

고후 12:9

때가 차매
하나님이 그 아들을 보내사
여자에게서 나게 하시고
율법 아래에 나게 하신 것은
율법 아래에 있는 자들을 속량하시고
우리로 아들의 명분을 얻게 하려 하심이라
너희가 아들이므로
하나님이 그 아들의 영을
우리 마음 가운데 보내사
아빠 아버지라 부르게 하셨느니라
그러므로 네가 이 후로는 종이 아니요
아들이니
아들이면
하나님으로 말미암아 유업을 받을 자니라

갈라디아서 4:4~7

준희.

만일 우리가
성령으로 살면
또한 성령으로 행할지니
헛된 영광을 구하여
서로 노엽게 하거나
서로 투기하지 말지니라
　　　　갈라디아서 5:25~26

너는 이것을 알라
말세에 고통하는 때가 이르러

사람들이 자기를 사랑하며
돈을 사랑하며 자랑하며
교만하며 비방하며 부모를 거역하며
감사하지 아니하며 거룩하지 아니하며
무정하며 원통함을 풀지 아니하며
모함하며 절제하지 못하며 사나우며
선한 것을 좋아하지 아니하며
배신하며 조급하며 자만하며
쾌락을 사랑하기를
하나님 사랑하는 것보다 더하며
경건의 모양은 있으나
경건의 능력은 부인하니
이같은 자들에게서
네가 돌아서라

디모데후서 3 : 1~5

이르시되
내가 반드시 너에게
복 주고 복 주며
너를 번성하게 하고
번성하게 하리라 하셨더니
그가 이같이 오래 참아
약속을 받았느니라

히 6:14~15

너희 중에 고난 당하는 자가 있느냐
그는 기도할 것이요
즐거워하는 자가 있느냐
그는 찬송할지니라
야고보서 5:13

준희.

사랑하는 자들아
주께는
하루가 천 년 같고 천 년이 하루 같다는
이 한 가지를 잊지 말라
주의 약속은 어떤 이들이
더디다고 생각하는 것같이 더딘 것이 아니라
오직 주께서는
너희를 대하여 오래 참으사
아무도 멸망하지 아니하고
다 회개하기에 이르기를
원하시느니라

베드로후서 3:8~9

준희.

만일 우리가 우리 죄를 자백하면
그는 미쁘시고 의로우사
우리 죄를 사하시며
우리를 모든 불의에서
깨끗하게 하실 것이요

　　　　　　요한일서 1:9

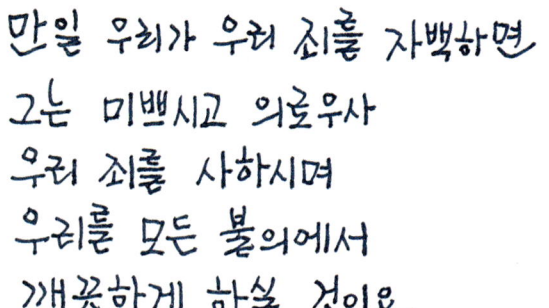

사랑하는 자여
네 영혼이 잘됨 같이
네가 범사에 잘되고
강건하기를
내가 간구하노라

요한삼서 1:2

준희.

maranatha

이것들을 증언하신 이가 이르시되
내가 진실로 속히 오리라 하시거늘
아멘 주 예수여 오시옵소서
　주 예수의 은혜가
모든 자들에게 있을지어다 아멘

요한계시록 22:20~21

대림절 (2)

…을 달라 …을 달라 하지마라
하나님께서는
그렇게 할 일 없으신 분이 아니시다
어려운 고통속에 내 던지시고
우리의 모든 노력이
아무 소용없게 하시는 것도
하나님의 주권이시오
무엇으로든 아픔으로든
좌절이든 희망이든
우리에게 입히시는 분도 하나님이시다

예수 그리스도의 피뿌림으로 얻은
새 소망이 내게 살아있으니
여러가지 시험으로 잠깐 근심함은
찰라같이 지나고
큰 기쁨이 오면 영원하리라

카찬차키스의 "아씨시의 성 프란시스"에서 |

준희.

새들도
하나님께서
깊이 사랑하시는 걸 보고
물 한 모금 마실때마다
언제나 조그만 머리를 하늘로 향하고
하나님께 감사하지요
아침이 되어 태양이 비추면
노래를 가득 싣고
태양과 푸른 나무와 먹을 것을 주신
그 분의 이름
주님의 이름을 노래하지요
또 하늘높이 날아
하나님께 나아가지요
노래를 들으실 수 있도록

"아씨시의 성프란시스"에서 2.

골짜기를 흘러내리는
강물의 노래 소리를 들어보세요
그것이 바다로 흘러가기 위해서
얼마나 애태우며
얼마나 힘차게 달려가고 있는지
우리 영혼도 마찬가지로
애태우며 달려가고 있지요

카찬차키스의 "아씨시의 성프란시스"에서 3

한 사람이
산 꼭대기에서 기도하면
전능한 힘이 거꾸로 달려 내려가
산 밑의 도시로 들어가서
모든 죄인들의 심장을 깨우치며
그와 동시에 기도는
하나님의 보좌 앞까지 올라가
인류의 고통을 증언할 것입니다
오직 기도의 힘만이 세상을 구원할 것입니다

카찬차키스의 "아씨시의 성프란시스" 에서4.

파란 물빛 온누리 가득한데
한 점 구름없는 고운 하늘
고난의 주님 사모하는 간절한 기도에
놀랍게도 현현하신 십자가 상의 못자국 보이고
오상의 흔적을 입은 아름다운 사람
비록 세상의 빛 안보여도
마음에 간직한 주님 모습
늘마다 찬양하며
환희와 감격으로 살다 하늘로 간 성자

들판의 작은 꽃도 하늘을 향하고
향기로운 기도 하늘로 오르네
주님 사모하는 마음
보잘 것 없는 사람
하늘을 볼 수 있는 은혜
깨닫는 이 아침이 감사해

순희.

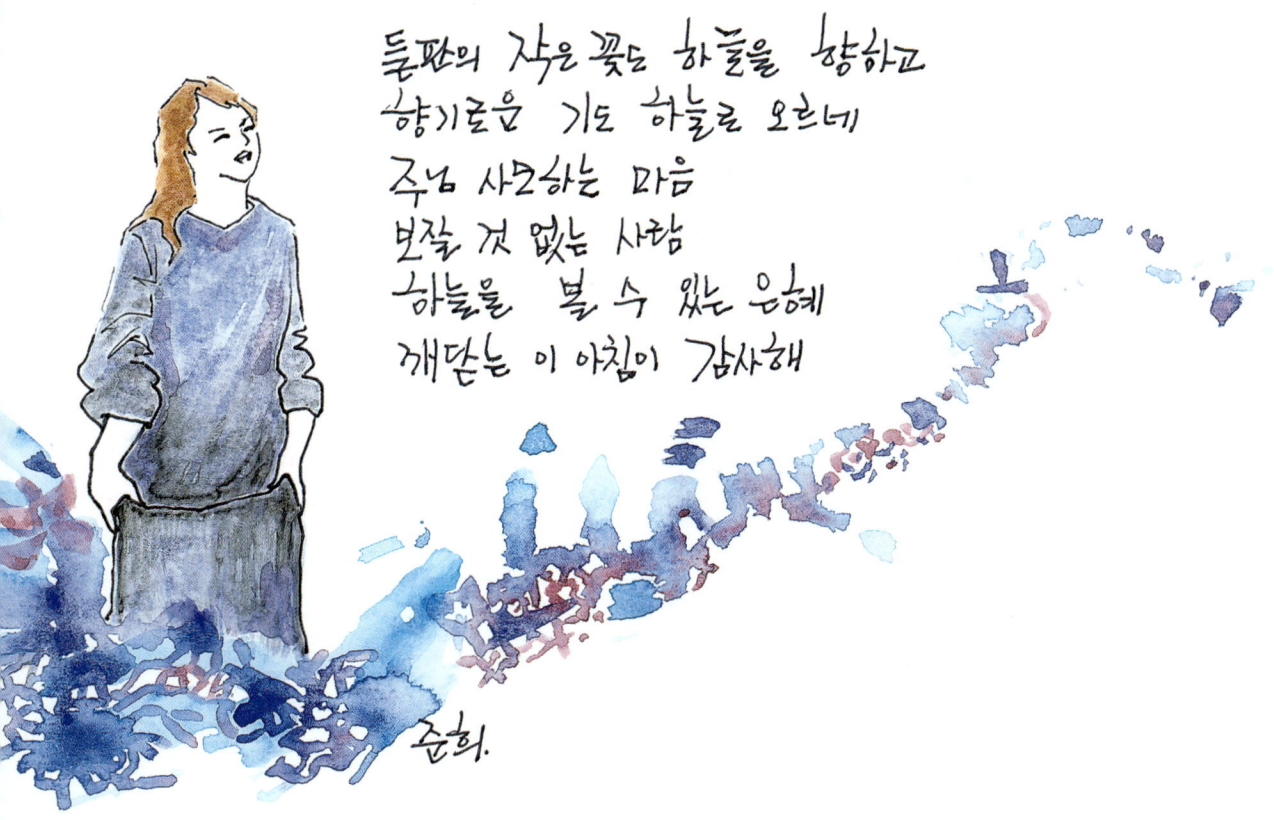

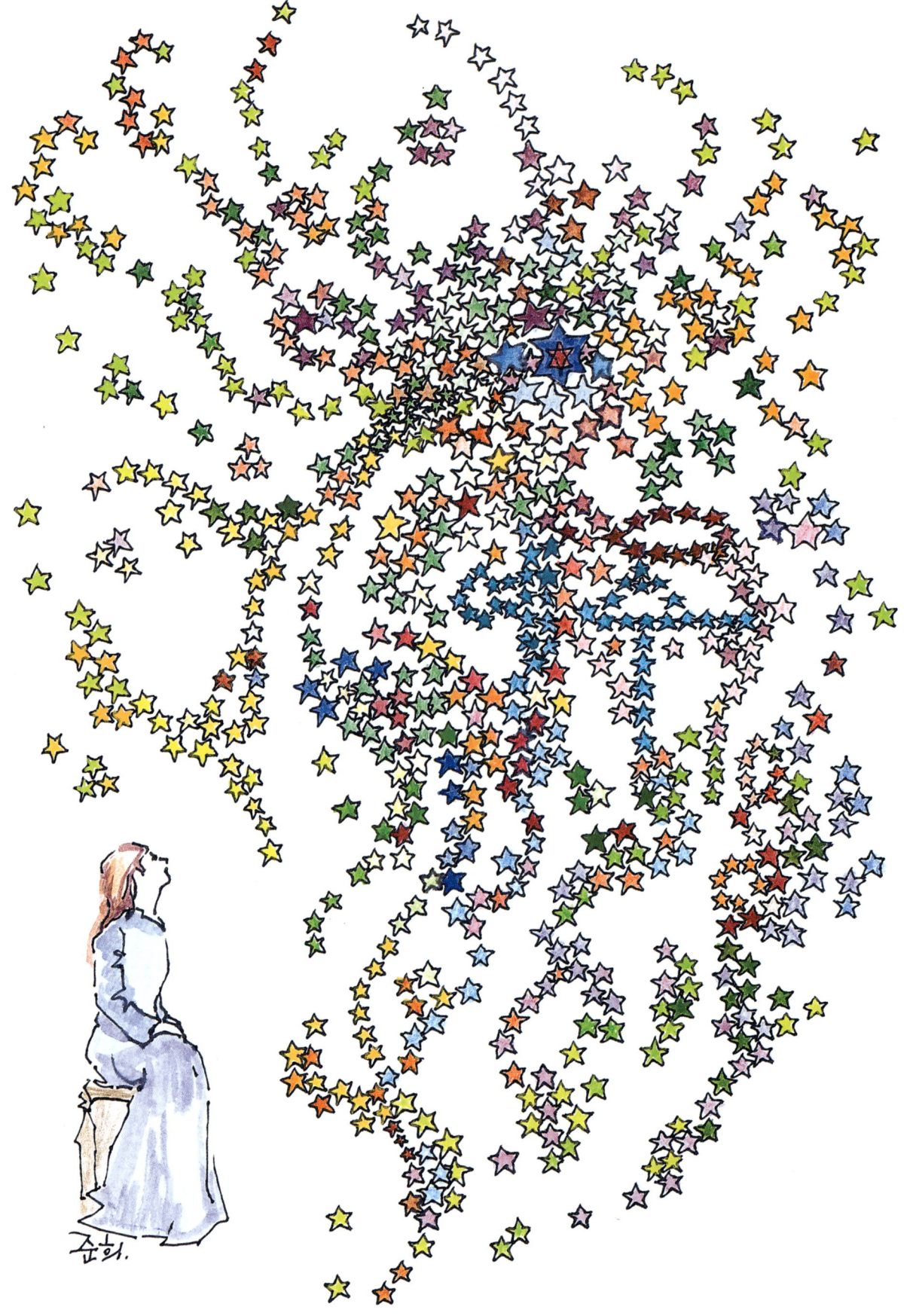

주님의 길로 가고 있나요

하나님 지으신 세계가 얼마나 아름다운지요
하늘을 보세요
태양이 있어요
구름도 있구요
대지를 맴도는 봄 향기에
꽃잎이 춤을 추네요
흙더미 이고 나온 어린 싹
연두 빛 생명을 품은 가지
들녘의 풀 한 포기
길가에 뒹구는 작은 돌 하나
살아있는 모든 것
죽은 것들 까지라도
하나님을 찬양해요

눈물 꽃 나의 예수님

준희.

주님 보고 계시나요
주님 건져 주소서
주님 뜻 헤아리지 못하고
주님 뜻대로 살지도 못했어요
지난날의 허물과 잘못
십자가 보혈로 용서하여 주시고
자비와 은혜를 베풀어 주소서

사냥꾼의 올무에서 건지시고
새처럼 날게 하소서
파닥일수록 조여드는 덫에서.

준희.

가을 들녘을 수놓은 코스모스
시월의 찬 바람만 스산해
한없이 움추러든 애처러운 모습
바람따라 흔들리는 마른 가지
한 잎 두 잎 떨어지는 꽃잎
마음이 조각되어 날린다

빛나던 아침 햇살도 잠시
긴 그림자 끌며 사라지면
어둠은 사정없이 하늘을 가리고
산등성이를 타고 내려와
마을들을 덮고 내 마음에 앉는다

기다림의 굴레에서 해방될 그 날
관계에서 벗어날 그 때
또 다른 시작일꺼야
다음 세상을 살기 위한 연습
실낱같은 빛이 찾아오면
암담하고 우울한 이 자리
이제는 떠나고 싶다

준희.

무정함으로 울었던
눈물의 강을 지나
은혜의 바다에 서 있는 나
후회없는 선택이 빚은
외롭고 고독한 싸움이었지만
주님이 함께 하셨고
성령께서 도우셨으며
사람을 통해 역사하신
하나님이 계셔서
내 걸음을 넓게 하셨고
나를 실족하지 않게 하셨다
나는 나의 길을 당당하게 가려 한다
배로 기어 다니고 엉덩이를 밀던 아기가
처음 두 발로 딛고 섰을 때
무엇을 보았을까
주님의 눈으로 보고 싶다
이제 후로는
그들 가운데로 지나서 가신 주님처럼
나도 그렇게 그저 지나갔으면 좋겠다.

매일 매일 꿈을 꾼다
이 얼굴 저 얼굴
이 모양 저 모양
사람 사람들
만났다 돌아서고
보이다 사라지는
그들의 꿈에도 내가 보일까
할 말은 없다

적막같이 먹먹한 시간의 끝에
빛이 보이면서
어둠을 끌고 갔지만
그림자로 남은 기억들은
사금파리 같아
생각하고 싶지 않다
나 가는 길은 주님만 아실지라
약속의 기약을 더듬어 품어보지만
때 와 기한이 하나님께 있으니

나는 기다릴 뿐이다.

준희.

안일했던 믿음의 회개에
용서를
치유와 회복을
그리고 평강을 …

주님의 피 값으로 세우신 교회
하나님의 공의가
세상을 밝히는 교회
진리의 말씀으로
영혼을 살리는 교회
주님의 음성과 사랑이
내 영을 춤추게 하는 교회

존귀와 위엄이 그의 앞에 있으며
능력과 아름다움이
그의 성소에 있도다
시편 96: 6

하나님 감사합니다
길 찾아 손 잡아 이끄시고
공로없는 죄인 세우셨사오니
새해에는
속히 듣고 밝히 보도록
모습쓸으로 채군하사
주님 뜻대로 살게 하소서.

− 준희.

여호와 나의 하나님
아픔으로 인해 도량이 넓어지고
상처가 아물어 성숙해지는 거라면
감당할 수 밖에 없겠지요
고통이 수반된 삶이라
눈을 감고 쉬맘으나 입도 닫혔나이다
　　　원수의 목전에서 상을 베푸시는 하나님
　　　항상 부족하고 모자라서
　　　기대었던 마음일랑 접게 하소서
　　　그 누구와도 연합하지 않을 것이요
　　　심정을 발설치도 않고
　　　오직 아버지께만 고백하고 위로받게 하소서
　　　살다보니 좌충우돌 시행착오도 있었지만
　　　잘해보려는 마음하나는 갖졌다고 생각했는데
　　　오해였음을 깨달았습니다
　　　　　　자신외에는 그 누구도 믿을이 없으니
　　　　　　나를 지키기에 최선을 다하리라
　　　　　　굳게 다짐해 봅니다
　　　　　　　　여호와 나의 하나님이여
　　　　　　　　도와주소서 늘 함께 하소서
　　　　　　　　보호하시고 인도해 주소서
　　　　　　　　십자가 사랑 품고서
　　　　　　　　주님이 홀로 가셨듯이
　　　　　　　　나도 혼자이게 하소서

　　　　　　　　　　　　　준희.

맑고도 시린 푸른하늘
바로 볼 수가 없어
두 눈을 감는다
뜨거운 눈시울이 아리다
절망의 나락에서
세상을 향해 눈 감으면 될 것을
오가는 상념에 뒤척이다

깜짝 놀라 돌아보니
텅빈 자리 홀로 있는 나
또 한 해를 접는다
기억의 저편으로 사라지면
그만인 것을

무감각
막연한 불안이
해를 넘기면서도
이뤄지지 않는 소망인해
서성이는 마음 안으로 담고
인내의 뜰로 향한다

기대가 실망으로
내 의지와 상관없이 맞이하는
새 날이 아프게 다가선다

허송세월 아니 산아도
같지 않은 시간인데
자꾸만 조급해지고
흔들리는 마음
희망도 확신도 없이
삶이 시들고 있다
어떻게 무엇을 할 수 있나
운명의 수레바퀴
멈출 수 없는 힘
거부할 수 없으며
뛰쳐나갈 수도 없다
생각의 차이 신념의 차이
사는 방법과 방향이 다르니
남은 것 다름과 미움
감당치 못한 상처 버리고 싶은게지
쥐고 보고 있고 싶지만
아무것도 할수 없어

그러나 단 한 분
하나님은 하실 수 있어
나를 살리시고
내 영혼을 지키시는
여호와 하나님이 계시니
거룩하신 이름을 영원히 송축하리라

준희.

무엇을 달라... 하지마라
이미 다 주었느니라
원하고 구하는 모든 것이 성경에 있거늘
한 번이라도 읽어 보았느냐 말씀을 보았으면 깨달았을 것을.
　　들어보라
　얼굴이 더러울 때 깨끗하게 하여 주소서 기도하기 전
　너 자신을 보라 두 손이 있지 않느냐
　먼저 샘에 가서 얼굴을 씻는 것은
　수고가 아니라 마땅히 해야 할 일이고
　다 씻겨지지 않거든 그 때 나를 찾으라
　내가 너를 도와주리라...
　　마음을 여미어 보지만
　　믿음으로 산다는 어리석음을
　오랜 세월 바라 보시고 안타까우셨을 아버지
　이제야 깨닫는 무지를 용서하소서
　무엇을 달라... 하지 않을 것입니다
　모든 필요를 아시고
　구하는 이상으로 좋은 것 주시며
　선하신 뜻대로 이루어가실 하나님
　아버지가 택하신
　빈 손인 ㅣ가득입니다.

　　　　　　　　준희.

사랑하는 영혼아
눈에 보이는 것에 연연하지 말고
보이지 않는 것을 사모하라
　영원을 볼 수 있는 마음의 눈으로
　구원을 향한 신념을 불태워라
　온전한 사랑 얻기에 힘쓰라

지난 날들을 기억하라
어느 한 순간 은혜 아닌 것이 없었으며
구하는 이상의 은총을 베풀지 않았더냐
하늘의 좋은 것을 사모하라
하나님 여호와의 사랑을 사모하라

준희.

손을 내밀면 닿을 듯
두 눈을 크게 떠봐도 안개만 가득한
허공속을 우두커니
알 수 없는 두려움과
터질 것 같은 마음뿐
햇살이 퍼지면 사라지니 허무해

사람은 있으나 진정한 벗이 없고
이웃이 있으나 나눔이 없어
슬픈 마음으로 방향을 잃은 나는
흔들리는 강변의 갈대라
쉼을 얻은 작은 새의 날갯짓
그 끝 하늘에는
내 생명 주관하시고 소생시키시는
하늘의 하나님이 계신다
남은 여정따라
허무하게 내 육신 끝나도
내 영혼 거두어 주실 하나님
그 분이 나의 아버지
여호와 하나님이시다.

순희.

그것은 안개처럼 희미했습니다
동그란 두 눈을 초승달같이 가늘게
움츠리고 바라봅니다
한 겹이 아닌 겹겹이 둘러싸여 있어
보이지 않는 곳까지 헤아린다면…
눈에 보이는 것들이 얼마나 작은지
펼쳐보면 빈 손임을 깨달을 때
하늘의 하나님을 바라봅니다

   지으신 세계
   지극히 평화롭고 살아 숨쉬는 자연의 충만함
   큰 숨으로 심호흡하며 기다립니다
   사위는 죽은 듯이 고요합니다
   사람의 발자국 소리가 멀어지고
   산새소리 바람소리도 들리지 않습니다
   동으로 부터 떠오르는 태양
   이제 막 소나무 가지 솔잎사이로 쏟아지는
   찬란한 햇빛의 아름다움을
   숨 죽이며 바라봅니다.

   빛이신 하나님
   햇살같은 은총을 세상 가득 뿌리시는 하나님
   내면의 속삭임에 귀 기울입니다

이상합니다
조금전 산을 향해 오를 때
격렬하게 눈물이 솟구쳐 누가 볼까 부끄러웠습니다
산에 오르면 아무도 없는 곳에서
실컷 울리라 마음을 억눌렀습니다
분명, 이 눈물은 감정 때문이 아닙니다
마음이 터질 듯 부풀어 올랐으므로
어쩔 수 없이 터져나온 그리움이었습니다
작은 방울은 나의 노래가 되었습니다
성령께서 주신 은혜가 이슬이 되었습니다
나무 끝에 매달려 빛나는 작은 방울들
그래, 너도 아버지의 지으심을 입었구나
너를 사랑하심을 보게 하셨구나
나의 눈에 맺힌 이 눈물도
아버지께서 지으신 이슬이란다
나는 너를 사랑한다 말하듯
너 또한 창조주 하나님께
사랑합니다 반짝이겠지…

이 아침에 아버지를 만납니다
그 분의 손길 닿지 않는 곳 없건만
눈으로 찾아갑니다
쉬지 않고 일하시는
아버지의 향기를 맡습니다
순간마다 사랑이 가득합니다
간밤 우리 모두 잠들었을 때
세상을 잠재우시고
새 아침을 주시느라
이곳저곳 살피시며 얼마나 바쁘셨을까
나는 압니다
아침 산에 오르면 알 수 있습니다
누렇게 마른 들풀이 추울까봐
곧 흙으로 돌아갈지라도
하얀 날개 옷을 입히셨음을
환희의 눈으로 바라 봅니다
태양이 떠올라
따사로운 기운으로 감싸안으면
또 다시 메마른 몸 적셔주고
흙으로 돌아 갑니다
세상의 흔적을 지우고 사라집니다.

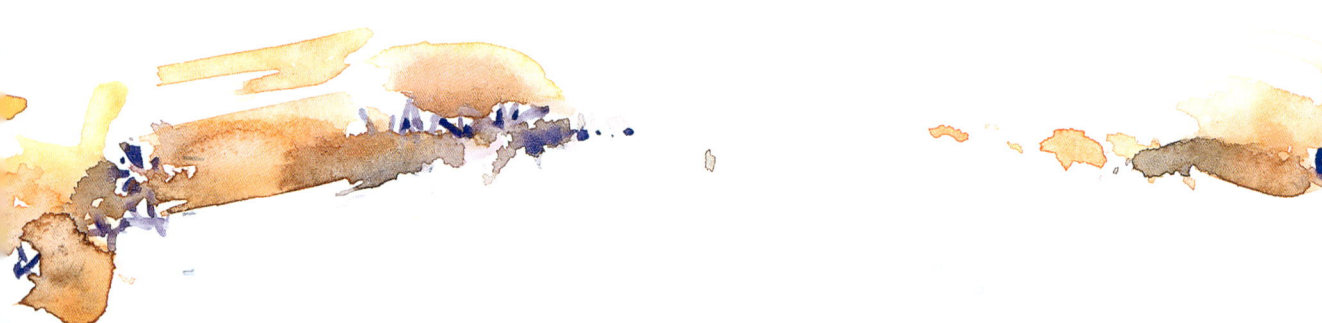

저도 가겠지요
남은 때가 얼마일까요
말씀을 듣고저 함이 아닌 다짐입니다
· 너희 생명이 무엇이뇨 너희는 잠깐 보이다가 없어지는 안개니라
어떻게 잊을 수 있사오리까 아버지!
두 볼을 타고 흘러 내리는 눈물로 용서를 빕니다
알고도 짓고 모르고도 지은 죄
죄인줄 모르는 불쌍한 죄인
자복하고 회개하오니 용서하소서
입으로 나온 뜻 없는 한마디 말이
누군가의 마음을 헤집었다면 용서하소서
무심코 내딛은 발걸음에 놀란
작은 생명들의 신음소리
지금은 기억조차 못하는 죄
펼쳐 놓으면 이 세상 다 가려도 모자랄
허물과 죄를 용서하소서
하나님 지으신 아름다운 동산
놀랍고도 오묘한 섭리에 감사하며
아버지를 알게하신 자비앞에
참회의 눈물을 바칩니다.

선을 행하면서 악을 따라감은
영혼의 주인이신 주님을 잠시 잊고
불청객 사탄에게 속는 것
마음은 원하나 육신이 약하며
일어서지 못하고 갈 길 몰라 헤매이다
하는 일이 하도 적어 심히 부끄러운데
생각지않게 쓴 뿌리가 마음을 휘감았다

      사랑이 무너진 자리에 미움의 장벽을 쌓으며
      강퍅한 마음에 분을 품고
      용서하지 않겠노라 다짐하는
      덫에 걸린 경건
      미워하고 용서하지 않는 것
        믿음없는 자같은 어리석음

상한 마음
위로하시는 주님
통회하는 심령과
정결한 영을 주소서
슬픈 마음으로 부르짖나이다

눈물 골짜기를 지나 생명수 강가에 이르면
우슬초로 정결케 하소서
정하리이다
경건하게 드리이다

                                              준희.

성결치도 정결하지도 못한
내 영혼 슬픔에 젖나이다
내 눈물이 의미를 아시는 주님
마음속에 자리한 허위와 신실치 못한 회개
아버지의 뜻과 다르게 살아온 삶
내 마음대로 살아온 삶을 회개하며
곤고한 심령 아버지를 찾습니다 용서하소서
　　영혼속에서 끊임없이 투쟁하는
　　불편하고도 사랑없는 이해
　　어리석게 쌓아 올린 장벽을 헐고
　　구원의 문으로 들어가게 하소서
　　평안과 기쁨을 알게 하소서
　　분노와 외로움 절망에 쌓인 허무를
　　성령의 불로 태우소서
　　오직 아버지께서 주시는 말씀 안에서
　　참 평화를 누리게 하소서

어둠이 물러가고 새 날이 오면
또 하루가 시작되듯
좀 더 순결하고 거룩되게 도우소서
아버지의 뜻대로 행하게 하소서
자녀되게 하신 은총에 감사의 눈물을 바칩니다

어둠이 장막처럼 드리워진 초저녁
마냥 행복한 표정의 사람들
너무 신기해
처지와 형편이 다르니
욕망과 성취감도 제 각각
순수 이면에 잠재한 본심이 궁금해진다
포기일까 쉽게 접어버린 꿈
소망없는 현실 도피의 가면을 썼나
까맣게 타 들어가는 심사
어둠은 더욱 짙어지고
모든 것이 희미하게 멀어져 갔어
범사에 감사하지 못하고
욕심을 부린 현실이 안타까워
내 탓이라 자책하며
가슴을 쳐봐도
잘못된 계산 끝끝로 나갔으니
지금 돌아서기를 간절히 바래

그의 마음에는
하나님의 법이 있으니
그의 걸음은
실족함이 없으리로다

시편 37 : 31

준희.

주님 : 왜 이리 허전한지요
말이 손에 잡히지 않고 곤고합니다
안타까운 갈증
간구하려니 넋두리요
만 가지 생각으로 흔들립니다
돌이켜 생각하니
아쉽고도 서운한 저편에 쌓인 기억들
바로 맞서지 못한 후회가
심히 바보스러워
부족한 순발력에 대한 자괴감에 슬퍼집니다
적절한 대응하지 못한 지혜가
말씀을 묵상하지 못한 까닭임을
시간이 지난 뒤에 깨닫고
가슴을 쳐야하는 현실이 너무 밝고
백 번을 생각해도 기막혀서
남아있는 자존심이 힘들게 하네요

      지혜가 많으면 번뇌도 많으니
      지식을 더하는 자는 근심을 더하느니라
               전도서 1 ; 18

순희.

능력의 천사들과 함께
하늘로부터 불꽃 가운데에 나타나실 주님
두 손을 높이 들고 찬양합니다
높은 보좌위에 앉으사
낮고 낮은 인생들을 보시네

너무도 강렬하여
그저 엎드린 채 숨조차 쉴 수가 없습니다
인간사 괴로움의 연속이나
신기루 같은 기쁨의 순간이 있어
죽음이 비낀 삶을 이어갈 뿐
사람이 주는 허무와 상처 너그러이 안고
주님께 위로 받기를 원합니다
믿음으로 기쁘시게 하지 못하고
덕이되지 못한 언행
본이되지 못한 삶사로 죽어갑니다
무언의 약속을 지키지 못한 무능함
사람의 도리를 적절하게 살지 못한
어리석음이 한스러워도
어쩔 수 없는 저를
살아보려고 애써 보지만
분을 내며 버리는 시간
연단인가요

     다만 이뿐 아니라
    우리가 환난 중에도 즐거워하나니
   이는 환난은 인내를,
    인내는 연단을,
  연단은 소망을 이루는 줄 앎이로다

순희.
         로마서 5 : 3~4

어떻게 기도할까요
어떤 기도를 올려야 할까요
아버지께서는 아시지요
마음과 뜻을 다 아시면서
기도를 기다려 주시는 사랑
곰히 헤아리면
감사 뿐이에요
더 이상 표현할 수 없어요
새싹같은 감사
어린 떡잎이 하늘 향해
두 손 벌려 찬양하면
햇빛과 단비 주셔서
무성한 진초록 잎새로 키우시듯
기도는 호흡 살아있는 증표라
빛나는 열금 보기까지
날마다 찬미와
감사의 기도를 드리게 하소서

순희.

믿음이 부족하니 도와주소서
흠흠히 여기사 사는 동안 강건하게 하소서
육신의 고통으로 눈물 흘릴 때 위로 하소서
힘들다 분내는 저 마음판에 새기며 긍정하게 하소서

어느 한 날 이별로 손 끝을 놓기까지 사랑하게 하소서
구원의 은총을 내리소서
다시 만날 수 있도록 영혼을 주관하소서
눈빛으로 하고싶은 말 다하게 하소서
주름진 얼굴 마른 육신이 서글프지만
"예수 내 주主"가 마지막 고백이게 하소서

오래지 않아 그렇게 이어지는 삶의 둘레 벗기까지
내일 일을 모르는 삶이 행복임을 알게 하소서
기억에서 사라져 지워지는 자유
누군가를 잊고 잊혀지는 것 감사하게 하소서
세상의 모든 수고와 아픔을 놓기고
본향을 향한 걸음 갈 때
영접하여 주시고 품어 주소서

나이가 들수록 더 천천히 걷게 하소서
젊은 날의 빠른 걸음이
주님을 찾는 길이었다면
천천히 걷는 이 길은
주님과 동행하게 하소서
삶의 능선을 넘어선
가파른 내리막 길은
정신을 차려 앞을 보게 하시고
시야를 넓혀 넘어지지 않게 하소서
행여 주저 앉거든 일으켜 세우소서
한 걸음씩 걸으며 쉬었다 가노라면
주님이 창조하신 아름다운 세상을
한 번 더 바라보고
선하신 뜻을 기억하면서
세미한 음성을 듣는
　　　은총을 누리게 하소서

붉은 노을이
아름다운 것은
빛나는 최고의 순간
침몰하는 서러움을
탓하지 않는
너그러움이다

준희.

이제는
날 찾지 마라
급히 걷다가 넘어질라
두렵고 떨릴지라도
편안히 걸어가라
선물같은 하루가
영원한 동행이듯
이미 너는
나와 함께 있음이니

준희.

세상살이 어떠한 시련과 고통이
나를 짓눌러 아프게 할지라도
스쳐 지나가는 삶의 파편일 것을

하늘에 소망을 둔 나는
십자가 보혈만 찬양할 뿐
지상의 허무함과
덧없는 세속의 무상함을
남겨두지 않겠다.

준희.

분주했던 하루를 접어 어둠에 넘기고
한 잔의 차를 마시려하니
그리운 미소가 떠 있네
오늘 또 어떻게 살았을까
현실의 수고가 아프게 다가온다

준희.

네 몫 내 몫
그래도 주님이 계셔서
여기까지 왔으니
남은 날도 맡기며 살자
마음으로 듣고 심장으로 말하는
이 저녁이 푸근하구나
나무에 핀 연꽃같은 너

오랫만에 화방에 갔다.
문앞에 걸린 50%-70% 세일 광고
물건을 고르는 이들로 어수선하다.
"왜 이제 왔어요?"
"아! 추석도 있고해서 시내를 안 나왔어요."
"가게를 정리하세요?"
"아들이 다른 일을 하면 혼자서는 못해요."
"추석 전날 현수막을 걸었는데
다음 날부터 난리가 나서 물건이 많이 나갔어요."
"언제까지요? 물건이 소진되면…"
"중2 미술부를 시작으로 인연을 맺은지 50년인데.."
"맞아요~ 50년이네요"
오토바이를 즐겨 타시던 사장님은
하늘에서 아쉬워 하실까? 잘 했다 하실까?

랑턴 수채화 스파이럴
세르지오 수채화 색연필
미젤로 페이퍼 팔레트
루벤스 백붓과 영일 붓
프리즈마 색연필
드로잉 스케치북 4천을 들고

화방을 나와 쉐리단길을 지나
집으로 돌아오는 길에는
가을을 품은 낙엽들이 날린다
겨울이 오면 좋은 인연도 잊혀지겠지
치자꽃처럼 고운 신부님 부케와 장수의 꽃 하얀 모란 받으시고
평화동에서 건강하시고 행복하세요

준희.

수선화에게
정호승

울지마라
외로우니까 사람이다
살아간다는 것은 외로움을 견디는 일이다
공연히 오지 않는 전화를 기다리지 마라
눈이 오면 눈길을 걸어가고
비가 오면 빗길을 걸어가라
갈대숲에서 가슴검은 도요새도 너를 보고 있다
가끔은 하느님도 외로워서 눈물을 흘리신다
새들이 나뭇가지에 앉아 있는 것도 외로움 때문이고
네가 물가에 앉아 있는 것도 외로움 때문이다
산 그림자도 외로워서
하루에 한 번씩 마을로 내려온다
종소리도 외로워서 울려퍼진다

'외로워도 외롭지 않다'에서

2018. 12. 19. AM 10:30 기독교 근대역사 기념관 기공예배

준희.

2022.10.7 PM1:30 기독교 근대역사기념관 개관예배   준희

하늘의 별이 되었네
아픔이 없는 주님 품에서
영원한 안식을…

준희.

그런즉
너희가
먹든지
마시든지
무엇을 하든지
다
하나님의 영광을 위하여 하라

고린도전서 10:31

네가 어디 있느냐

인쇄 2023년 2월 20일
발행 2023년 2월 24일

지은이 박준희
발행인 서정환
펴낸곳 신아출판사
주소 전북 전주시 완산구 공북 1길 16(태평동 251-30)
전화 (063) 275-4000
팩스 (063) 274-3131
이메일 shina321@hanmail.net
출판등록 제465-1984-000004호
인쇄 · 제본 신아출판사

저작권자 ⓒ 2023, 박준희
이 책의 저작권은 저자에게 있습니다. 서면에 의한 저자의 허락 없이 내용의 일부를 인용하거나 발췌하는 것을 금합니다.
COPYRIGHT ⓒ 2023, by ParkJunhee
All right reserved including the rights of reproduction in whole or in part in any form.

저자와 협의, 인지는 생략합니다.
잘못된 책은 바꿔 드립니다.

ISBN 979-11-92557-89-2 (07230)
값 18,000원

Printed in KOREA